Was steht wo in diesem **Fischer FlickFlack**

Deutsche Erstausgabe
Aus dem Französischen von Marianne Lettmann
Autor und Illustrator: Michele Rivol
Redaktion: Helmut Knüpfer

Satz und Filmherstellung Gutfreund & Sohn, Darmstadt
ISBN 3 436 02494 5

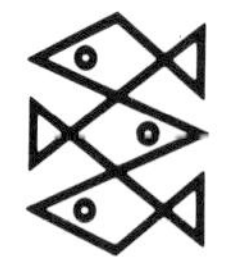

Pappmaché – alte Kunst neuer Zauber

Pappmaché hat Geschichte

Daß die Herstellung von Papier eine uralte chinesische Erfindung ist, davon hast du sicher schon gehört. Es ist knapp zweitausend Jahre her, daß die Erfinder damals im großen chinesischen Kaiserreich Holz vom Maulbeerbaum, Pflanzenfasern, Baumwolle und Tuchfetzen so fein wie möglich zermahlen haben und mit Wasser zu einem Brei anrührten. Dieser Brei wurde dünn auf ein feines Sieb aufgestrichen, wo das Wasser dann abtropfen konnte und die Masse zu einem leichten festen Blatt trocknete, auf das die Schriftgelehrten mit Tusche ihre komplizierten Schriftzeichen malten. Sogar die klugen Mönche in den tibetanischen Klöstern machten damals schon von dieser tollen Erfindung regen Gebrauch.
Ein paar hundert Jahre später gab es einen Krieg zwischen China und Persien. Beide Seiten machten Kriegsgefangene. Darunter waren auch chinesische Handwerker, die das Geheimnis der Papierherstellung kannten. Nun, als Gefangene der Perser wurden einige von ihnen nach Samarkand verschleppt, das damals zum Reich Alexanders des Großen gehörte. Über diesen Umweg lernten die arabischen Völker, wie man aus Pflanzenfasern und hauptsächlich aus der Papyruspflanze Papier macht. Jetzt merkst du auch, wo der Name herkommt. Mit der Zeit und immer mehr Erfahrung verwandelten sie auch anderes Material, wie zum Beispiel ausgediente Fischernetze, Mumienbandagen oder Lumpen in Schreibblätter. Bald hatte das neue Papier den Papyrus ersetzt – nur der Name ist geblieben.

Vom Vorderen Orient in die Länder des Mittelmeeres und nach Europa ist kein so weiter Weg. Handelsreisende und Abenteurer waren es, welche die Kunde vom Papier in unsere Gegenden brachten. Unterdessen hatte man im Orient aber weiter experimentiert und herausgefunden, daß Papierbrei unter Zusatz von fein gehacktem Stroh, Heu, Nesseln und Gips beim Trocknen zu einem äußerst widerstandsfähigen Material erhärtet – damit war das Pappmaché geboren. Die Chinesen haben sogar Soldatenhelme daraus gemacht.

Aber auch dieses neuartige Material blieb den Europäern nicht verborgen. Vor allem in Venedig, was damals ein wichtiges Handelszentrum war, begeisterten sich viele Künstler dafür und fanden immer raffiniertere Verarbeitungsmöglichkeiten. Kunstvolle Gegenstände mit reichen Verzierungen entstanden dabei, und italienische Kaufleute, die in den Orient reisten, hatten ausgerechnet in Persien und in der indischen Provinz Kaschmir großen Erfolg damit. Die Künstler und Handwerker dort besannen sich schließlich

Pappmachépuppen ferner Länder: Die gedrungene Puppe mit dem Riesenkopf kommt aus China, wie man sieht. Die flotte Lola war in Mexico zu Hause und kann mit Armen und Beinen schlackern.

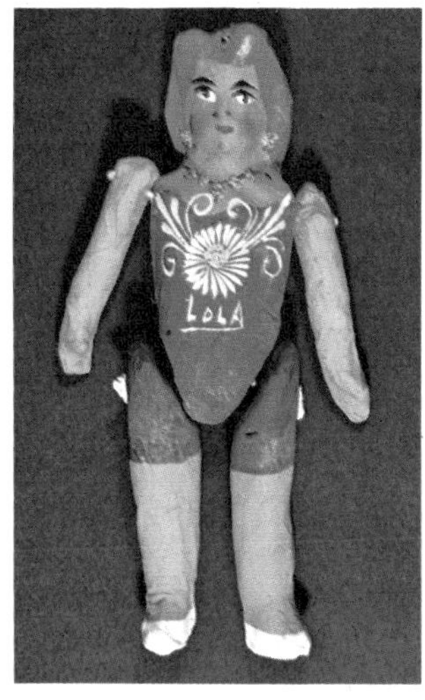

auf ihre Tradition und verarbeiteten nun auch Pappmaché zu wundervollen Kästchen, Spiegelrahmen, Tellern und phantasievollen Figuren.
In Kaschmir entwickelte sich eine richtige Industrie: Die kunstvollen Gegenstände und Schmuckstücke waren von der florentinischen Kunst des 17. Jahrhunderts inspiriert und zeigten zudem die ganze Ornamentepracht des Orients. Noch heute gehören sie zu den schönsten Dingen, die in Kaschmir hergestellt werden.
Was in Kaschmir handwerkliche Industrie blieb, nahm in Europa mit Beginn des technischen Zeit-

alters ganz andere Wege. Als 1789 die Französische Revolution ausbrach, flüchteten viele Franzosen in andere Länder, unter anderem auch ins nahe England. Nicht wenige von ihnen fanden dort Arbeit in sogenannten »Naßpapier«- oder »Formpapier«-Fabriken, die »chewed paper« herstellten. »Papier maché« übersetzten es die Franzosen, und diese Bezeichnung bürgerte sich in vielen Sprachen ein. Eines wie das andere aber hast du, zum Beispiel als Wurfgeschoß, schon in der Hand gehabt. Chewed paper bedeutet nämlich nichts anderes als durchgekautes Papier.
In England entwickelte

sich die Pappmachéverarbeitung zu einer blühenden Industrie. Aus dem billigen Material entstanden Gegenstände für jeden Zweck, Spielerei und Trödelkram, Dekoration und Gebrauchsartikel: Tabletts, Teebüchsen, Nähkästchen, Briefordner, Spielzeug, Spiegelrahmen, Spieltische und tausend andere Sachen. Man suchte immer raffiniertere Herstellungsmethoden und kam dabei auf immer neue Ideen für die Vollendung der Arbeiten. Lackarbeiten wie der Schuh mit eingebautem Tintenfaß auf Seite 4 waren so beliebt wie kunstvolle Einlegearbeiten aus Perlmutt, Marmor und bunten Steinen. Pappmachéarbeiten wurden plötzlich ein wichtiger englischer Exportartikel und gelangten nun auch nach Amerika, wo viele Unternehmer in das neue Geschäft einstiegen und dicken Profit witterten. Den größten Anklang aber fand und findet das anspruchslose und billige Verfahren in der mexikanischen Volkskunst. Aus der unerschöpflichen Phantasie mexikanischer Volkskünstler entstehen die schönsten Masken und wundervolles Spielzeug.
In Frankreich spezialisierte man sich unterdes auf die Produktion hübscher Kästchen aus alten Theaterkarten. Sie wurden auch in Deutschland bekannt und brachten Friedrich den Großen auf die Idee, eine Manufaktur in Berlin zu gründen. Was Friedrich dem Großen recht war, war einigen Leuten in Fedoskino, einer Stadt nicht weit von Moskau, billig, sie haben ein ganz ausgeklügeltes Verfahren entwickelt: Zuerst modelliert man die Papierschichten dabei in einer Holzform, fügt danach roten Ton und Leinöl hinzu und brennt das Ganze im Ofen. Danach werden die Gegenstände geschliffen, poliert und nach mehreren Schichten Lack mit Blumenmustern und Landschaften bemalt.
Mit Ende des 19. Jahrhunderts aber und der Erfindung neuer Materialien schien die Pappmachéherstellung plötzlich restlos veraltet und reif für die Rumpelkammer.
Nur in einigen Gegenden der Welt, etwa Mexiko, Portugal oder Kaschmir, wo die Volkskunst besonders ausgeprägt ist, entstehen immer noch Kunstwerke aus Pappmaché.
Doch auch uns hat diese Kunst noch viel zu bieten, wie du bald sehen wirst –

und die Bastelvorschläge in diesem FlickFlack-Buch sind dafür der beste Beweis.

Das Werkmaterial
Zeitungen, Plastikschüsseln, heißes Wasser, Tapetenkleister (Pulver), Löffel und ein Schneebesen, oder noch besser der elektrische Rührstab.

Die drei Arbeitsgänge
1. Papier einweichen.
2. Kleister anrühren.
3. Papierbrei ausdrücken, mit Kleister mischen und durchkneten.

1. Einweichen: Zuerst ein ganz wichtiger Tip: Alles Zeitungspapier wird mit der Hand gerissen und nicht mit der Schere geschnitten. Die ausgefransten Ränder der zerrissenen Zeitungen saugen nämlich das Wasser viel leichter auf. Am besten knickst du einen Zeitungsbogen auf die Hälfte, zerreißt ihn in Längsbahnen und zerrupfst diese zu Schnipseln direkt in das heiße Wasser (Foto 1 und 2). Je heißer das Wasser, desto kürzer die Einweichzeit! Rühre die Masse kräftig durch, daß jeder Papierschnipsel durch und durch naß wird. Es reicht, wenn das Wasser 1 bis 2 cm übersteht. Das Ganze soll nun eine Nacht lang weichen. Das ist eine harte Geduldsprobe. Schneller geht's, wenn du das abgekühlte Wasser ab und zu durch neues heißes Wasser ersetzt oder von vornherein besonders poröses Papier verwendest, das sich entschieden schneller zersetzt. Festes Qualitätspapier hingegen ist erst nach 1 – 2 Tagen im Wasserbad knetfertig.

2. Kleister anrühren: Die Menge des Kleisters richtet sich danach, was du kneten willst. Mit der Zeit wirst du Erfahrung sammeln. Auf jeden Fall ergibt 1 gehäufter Eßlöffel Tapetenkleister auf 4 Gläser Wasser eine gute Mischung. Du gießt das Wasser in ein Schüsselchen und läßt das Pulver unter schnellem Rühren langsam hineinrieseln, so daß keine Klumpen entstehen.

3. Wringen, mischen, kneten
Ist das Papier durchgeweicht, preßt du mit den Händen das Wasser heraus (Foto 3), legst die Papierklumpen in die leere Schüssel zurück, gibst etwas Kleister zu (Foto 4) und knetest die Masse kräftig durch. Es entsteht ein grauer Pappteig. Sollte er auseinanderbröckeln, gibst du noch etwas Kleister zu, knetest noch einmal durch, bis die Masse so geschmeidig wie ein Kuchenteig ist (Foto 5). Ein elektrischer Rührstab wäre bei dieser Arbeit natürlich eine gute Hilfe

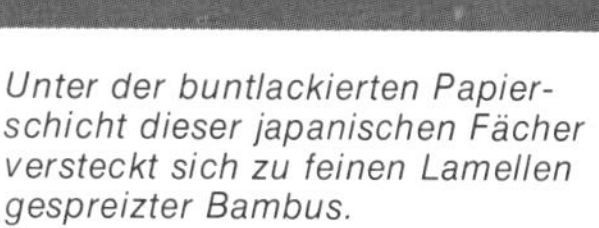

Unter der buntlackierten Papierschicht dieser japanischen Fächer versteckt sich zu feinen Lamellen gespreizter Bambus.

(Foto 6). Der Papierbrei wird dem Gerät nicht schaden (und gegen Spritzer an der Wand schützt ein über die Schüssel gehaltener Deckel).

Pappfix

Kartonverpackungen sind der Grundstock für eine Pappmachéqualität, die allen Ansprüchen genügt und außerdem schnell fertig ist. Du zerreißt die Ver-

Die drei Reiter auf den stämmigen Pferden stammen aus der mexikanischen Folklore. Auch über Seite 6 und 7 reitet – von portugiesischen Pappmachéfiguren flankiert – ein mexikanischer Maquero.

packung in Stücke, weichst sie in sehr heißem Wasser ein und stippst, was an die Oberfläche drängt, immer wieder unter Wasser (Foto 7). Nach einer halben Stunde drückst du die Pappe aus,

gibst neues heißes Wasser zu und läßt die Masse für eine weitere halbe Stunde weichen. Danach wringst du die nasse Pappe in einem Tuch kräftig aus, mischst den Kleister drunter und knetest den Brei schön gleichmäßig.
Zusatz von Sägemehl macht die Sache richtig professionell: Ein paar Hände voll Sägemehl unter den Pappteig geknetet, verkürzen auch die Trokkenzeit der fertigen Form. Beim industriell hergestellten Pappmaché wurde sogar Pech und Gips unter den Papierteig gemischt. So hielt das Stück wie Pech und Schwefel zusammen . . .
Trocknen: Die fertigen Pappmachéformen – egal ob von Hand oder mittels einer Form modelliert – müssen an der Sonne oder einer anderen Wärmequelle trocknen. Wenn du es ganz eilig hast, schiebst du sie auf dem Blech in den Ofen und bäckst sie bei ganz milder Hitze trocken. Diesen beschleunigten Trockenprozeß mußt du aber sorgfältig überwachen, denn die Figuren sollen ja lediglich trocken und nicht braungebacken sein.

Grundieren und bemalen

Mach' dir die Mühe, die fertige Form weiß zu grundieren. Auf weißen Grund aufgetragene Farben haben nämlich viel mehr Leuchtkraft. Du hast die Wahl zwischen Plakafarben in Töpfchen und Temperafarben in Tuben.

Diese drei Schönheiten sind in Mexiko zu Hause und können sich so gut bewegen wie Lola auf Seite 5.

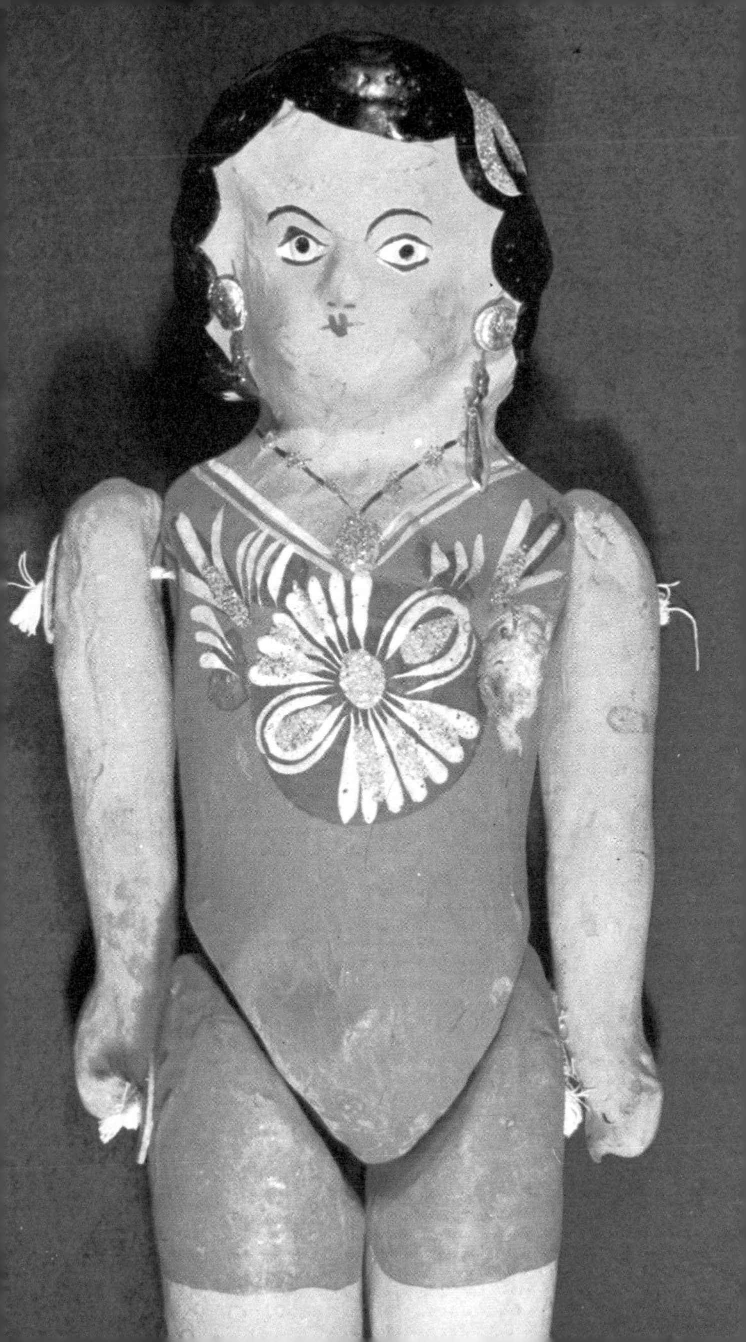

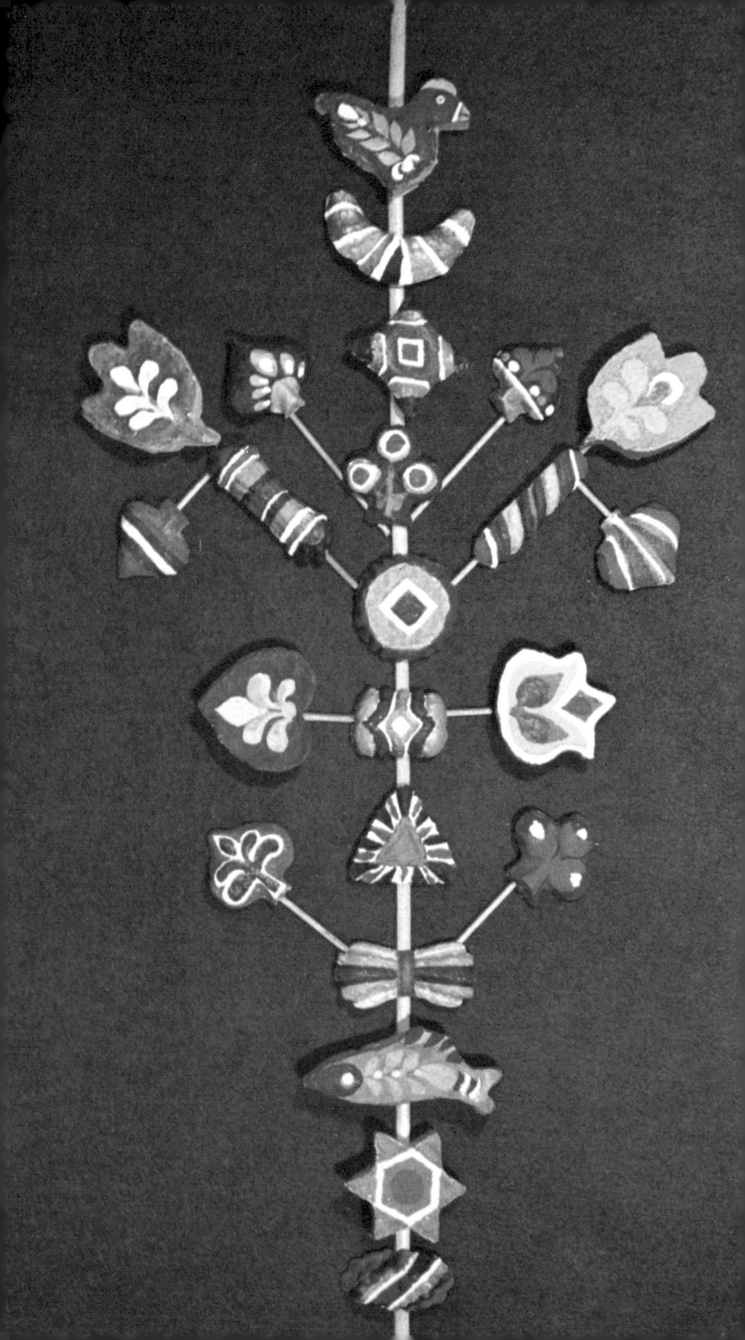

Die Papp-konditorei

Als Pappkonditor legst du dir am besten erst mal dein Arbeitszeug zurecht: viele verschiedene Back- und Ausstechförmchen (1), Butternäpfchen, Flaschenkapseln, Döschen, dazu Pinsel, Öl, Buttermesser und eventuell farblosen Lack. Beim Experimentieren mit den vielfältigen Formen wirst du dich schnell mit den Möglichkeiten der Modelliermasse aus eigener Werkstatt vertraut machen. Die Verwandlung eines Pappkloßes in kleine Gegenstände mit großer Wirkung ist so einfach wie Kekse backen. Auf dem Weihnachtstisch, der Geburtstagstafel oder als nie welkende Blätter und Blüten an den Zweigen eines Lebensbaumes sind sie eine bunte Überraschung für jedes Fest.

● Zuerst pinselst du die Innenseite der Förmchen mit Speiseöl ein. (Dann bleibt später beim Herauslösen der getrockneten Pappmachéfigur kein Stückchen kleben.

● Dann füllst du die Form mit Pappmaché aus (2). Mit dem Finger preßt du die Masse auch in die engsten Winkel. Du glättest die Oberfläche mit einem Buttermesser (3) . . .

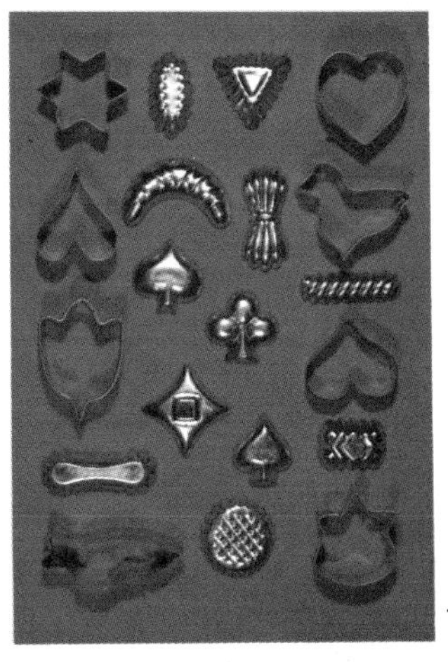

1

● und kannst nun die Förmchen je nach Jahreszeit in der Sonne, bei schwacher Hitze im Ofen oder auf der Heizung trocknen. Doch wird es eine Weile dauern, bis alle Feuchtigkeit verdunstet ist.
● Dann klopfst du den »Kuchen« mit kurzen, kräftigen Schlägen auf den Förmchenboden heraus. Prüfe erst, ob die Stücke wirklich trocken sind und lasse sie in jedem Fall an der Luft nachtrocknen, bevor du sie weiß grundierst.
● Mit Pinsel und Plakafarbe »verpackst« du die noch unscheinbaren Pappkuchen zu festlich buntem Zuckerbäckerwerk. Klarlack bringt die Farben auf Hochglanz und bildet gleichzeitig eine dauerhafte Schutzschicht.

$\frac{2}{3}$

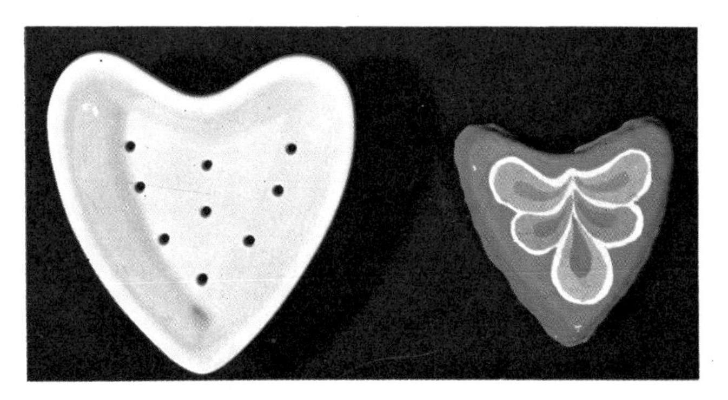

Wir bauen ein Dorf

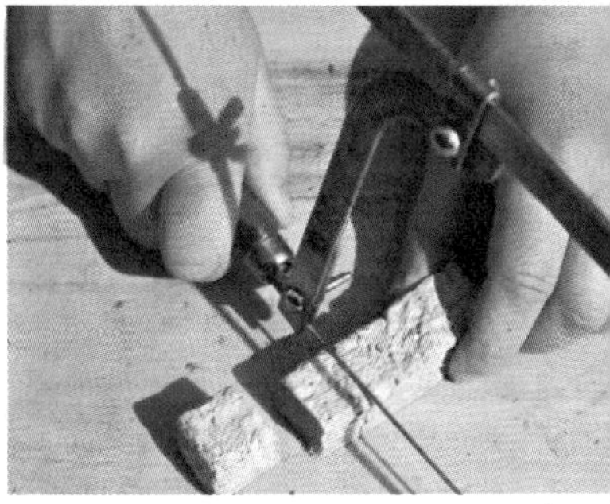

1/2/3

Das hat wirklich Spaß gemacht, als Architekt und Bauhandwerker in einem das Dorf zu entwerfen und zu bauen. Vielleicht möchtest du aber noch viel lieber das Stadtviertel, in dem du lebst, in Kleinformat nachbauen. Wenn du kühn genug bist, kannst du ja auch einfach mal zeigen, wie dein Wohnviertel aussehen müßte, wenn du und auch die liebe Oma von gegenüber sich dort wohl fühlen sollten . . .
Vielerlei Konstruktionsmaterial bietet sich für die Baumeister an: leere Konservendosen, Flaschenkapseln, Plastik- und Metalldeckel, ausgediente Zigarrenschachteln, Zigarettendosen und ähnliches (Foto 1). Fehlende Modellierformen wirst du eben selbst zurechtbasteln.
Lege dir auch gleich Bleistift, Lineal, Schere, ein Schälchen mit Speiseöl, Pinsel, ein breites Messer, Plakafarben und eine kleine Handsäge zurecht.

● Modellierformen für Hausdächer kannst du selber machen. Starker Karton ist bestens geeignet. Eine Kartonseite beklebst du mit Alufolie. Auf die andere Seite überträgst du die vergrößerten Umrisse der kleinen Zeichnung 1, Seite 21, und ritzt schon jetzt mit Messer und Lineal entlang der gestrichelten Linien, damit später scharfe Knicke entstehen. Schon kannst du das Dach ausschneiden, in Form knicken (Zeichnung 2) und zusammenkleben.

● Bevor du Pappmaché in diese Form füllst, wischst du sie kurz mit Öl aus. Dann drückst du das Pappmaché hinein, streichst die Oberfläche glatt und legst die gefüllte Form zum Trocknen.

● Viele Formen aus einem Guß: Würfel und Langhäuser entstehen in einem Arbeitsgang. Du unterteilst eine Metallschachtel mit Pappstreifen, die du zuvor mit Alufolie bezogen hast. Dann füllst du das Pappmaché in jedes Kästchen und drückst die Masse in alle Ecken und fest gegen die Pappunterteilungen (Zeichnung 3).

● Beim Dorfbrunnen hilft folgender Trick: Du füllst Pappmaché in eine runde Kapsel und drückst mit einem Korken eine kleinere Vertiefung in die Mitte (Zeichnung 4).

● Schönheitsfehler korrigieren . . .: Gerade dickere Stücke, die lange Zeit zum Trocknen brauchen, bekommen durch die längere Verdunstungszeit eine wellige oder schrumpelige Oberfläche. Wo dich das stört, nimmst du dir die Gegenstände noch einmal vor und bestreichst sie dünn noch einmal mit einer Schicht Pappmaché. Damit wären alle Unebenheiten ausgeglichen. Du mußt natürlich abwarten, bis auch diese Schicht ganz trocken ist (Foto 2, Seite 19).

● Schiefe Bauelemente, die nicht aneinanderpassen oder sich mit der vorgesehenen Dachform nicht vertragen, kannst du mit der Laubsäge so zurechtstutzen, daß die Kanten stimmen und das Dach festsitzt (Foto 3, Seite 19).

● Die Bäume entstehen im Handumdrehen. Du formst mit den Fingern unregelmäßige Kügelchen, steckst ein kurzes Zweigende hinein und pflanzt

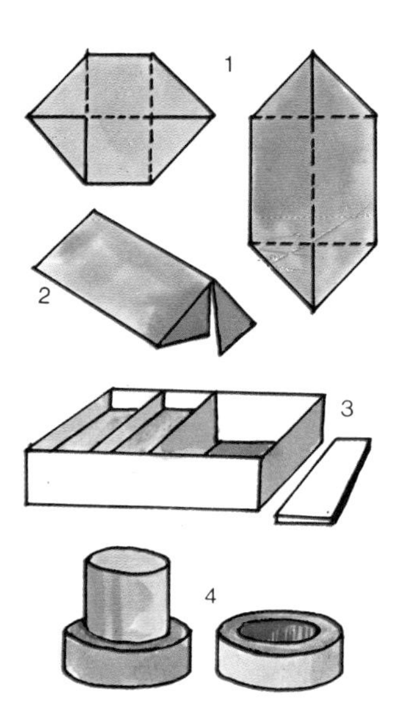

den Baum in ein unten abgeflachtes Häuflein Pappmaché-Erde.

Für den Rest der Sache ist deine Phantasie das Wichtigste. Wenn alle Bauwerke weiß getüncht sind (Grundierung), nimmst du Pinsel und Farben zur Hand, deckst das Dach rot, schwarz oder braun, malst Türen und Fenster, Blumenkästen und all die kleinen Dinge auf, die ein Wohnhaus von der Post oder der Feuerwehr unterscheiden.

Fertigbauweise

Beim Modellbau, bei der Stadtplanung oder irgendeiner anderen Bastelei fehlt es manchmal an ausreichend starkem Karton. Pappmaché, zu einer dünnen Schicht flach ausgestrichen, ist nicht nur ein prächtiger Ersatz, es hält auch eine Menge aus und läßt sich mit Hilfe der Schere oder der Handsäge leicht zurechtschneiden. Sieh dir nur mal diese

1

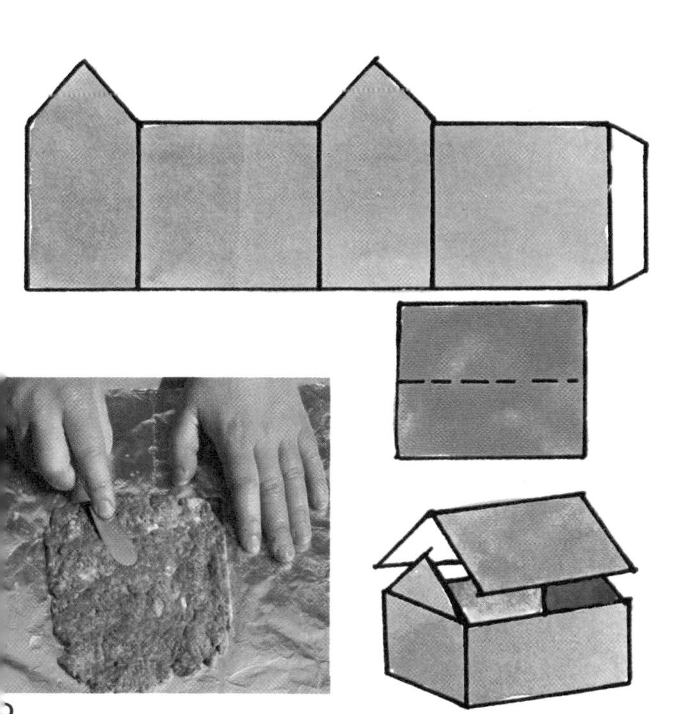

Hütte an: Kinder haben sie aus ein paar Platten nach dem Plan oben auf der Seite zusammengebaut. Du brauchst ein flaches Kuchenblech, notfalls mit Alufolie bezogenen Karton (oder ein Brettchen); Klebstreifen halten die Alufolie an den Plattenkanten fest. Die Folie ölst du wieder ein und legst den Pappmachékloß darauf. Wie einen Kuchenteig drückst du ihn mit der flachen Hand zu einem überall gleichmäßig dicken Boden (höchstens 1 cm dick).

Unebenheiten und fransige Ränder streichst du mit dem Messer glatt (Foto oben). Danach läßt du die Schicht auf der flachen Unterlage trocknen. Wenn sich die Masse beim Trocknen zu wellen beginnt, legst du ein Brett von oben darauf und beschwerst es mit einem dicken Buch oder einem schweren Stein. Aus dieser Presse kommt der selbstfabrizierte Karton flach wie ein Bügelbrett heraus.

Wagen fürs Gelände

Lastwagen, Tankwagen und Traktoren für alle Pisten machen viel mehr Spaß, wenn du sie selbst baust. Die Konstruktion der Geländewagen ist eine Arbeit, bei der du zwei dir schon vertraute Techniken kombinierst: Du schneidest Pappmachéklötze, die aus der Modellierform stammen, zurecht und ergänzt sie mit Pappmachéplatten. Jetzt braucht es aber auch eine Tankstelle, eine Werkstatt und von Bäumen und Häusern gesäumte Straßen (blättere zurück, Einzelheiten findest du schon ab Seite 19 beschrieben!).
Für die Autos brauchst du Klötze und Platten, Leim, Glaskopfstecknadeln (für die Radaufhängung) und ein paar Kapseln und Röhrchen.
Für die Räder brauchst du jetzt runde Formen. Nimm' Deckel von Soßenflaschen, Filmdosen oder Arzneiröhrchen aus Kunststoff oder Metall. Du füllst die zylindrische Form mit Pappmaché, stopfst mit einem Bleistift die Masse fest in Ecken und Ritzen, damit nirgends Löcher bleiben. So von der Luft abgeschlossen braucht der Pappbrei viel Wärme und lange Zeit zum Trocknen. Vor dem letzten Bauabschnitt, dem Zusammensetzen, liegt also eine lange Vorbereitungszeit, die du bei deiner Planung mit einkalkulieren mußt.
Ist das Pappmaché trokken, klopfst du es aus der Form heraus. Aus zylindrischen Formen gewonnene breite Rollen zersägst du in gleichmäßig dicke Scheiben. Hast du aber zufällig genug Deckel gleicher Größe, dann entstehen ohne Mühe genau gleich große Räder, die nicht nur schneller trokken, sondern auch ohne Sägerei fahrbereit sind.

Die Fotos zeigen dir verschiedene Aufbauten der Geländewagen, alle sind aus Pappmachéklötzen und -platten zusammengeleimt. Die Räder montierst du zum Schluß, wenn alle Teile weiß grundiert und bunt angestrichen sind: Du bohrst eine Stecknadel durch jedes Rad und stichst sie als Wagenachse fest in die Karosserie.

Noah, die Arche und die Tiere

Im Hochland der Türkei, auf dem höchsten Gipfel, dem Berg Ararat, soll die Arche Noah, von der Sintflut getragen, gelandet sein. Das Alte Testament erzählt es so, daß Noah die Arche baute und von jeder Tiersorte ein Paar mit auf sein Boot nahm.

Und – man glaubt es kaum – auf der Arche lebten Tiger, Schafe, Giraffen und Gänse friedlich nebeneinander.
Schau genau hin, schon wirst du sehen, was allen Tiergestalten gemeinsam ist und die Modellierarbeit sehr erleichtert: Die Beine sind kaum ausgeformt. Alle Tiere haben einen kompakten Rumpf. Beine und andere Details werden mit Pinsel und Farbe herausgearbeitet.
Damit die Arche und das ganze Tierreich nicht nach kurzem Spiel auseinanderbröckeln, mischst du zwei Hände voll Sägemehl unter den Pappmachébrei.
Nach weißer Grundtünche

gibst du den Tieren ihre
charakteristische Farbe
und Zeichnung und sorgst
für ein Plätzchen, wo sie
nach all der Platznot auf
der Arche nun ihrer Art
entsprechend ausruhen
können.

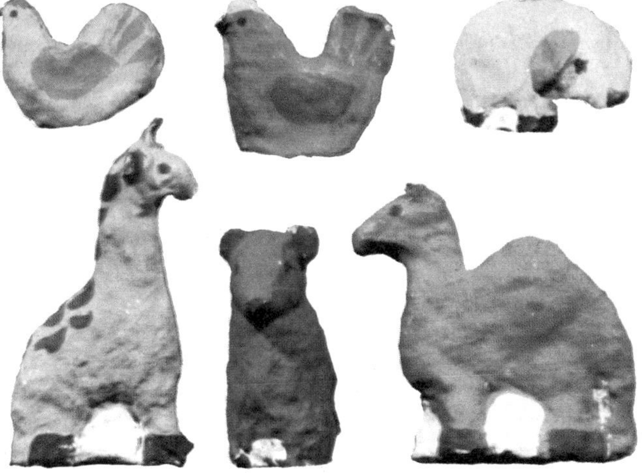

Mit den Vögeln fliegen

Bist du ein Tiernarr, begeisterst dich für alles, was kreucht und fleugt und kennst kaum etwas Spannenderes als auf Beobachtungsposten im Gras zu liegen? Dann weißt du auch, wie bunt und mannigfaltig die Vogelwelt ist und hast schon die Anmut der Bachstelze oder die Farbenpracht des Pirols bewundert. Doch wie bei so vielen Dingen wird's immer spannender, je mehr man darüber weiß. Informationsmaterial gibt es reichlich. Was du selbst noch nicht beobachtet hast, kannst du in Büchern nachlesen und anschauen: die Bezeich-

1
2
3
4

nung, die Lebensgewohnheiten und die bevorzugten Lebensräume aller bei uns verbreiteten Vögel.
Die Vogelwerkstatt erwartet dich mit einer neuen Technik. Das hauptsächliche Werkmaterial ist wieder Zeitungspapier; doch nun wirst du es so behandeln, daß sofort gebrauchsfertiges Pappmaché entsteht. Anders als bei der Einweichtechnik, wo du deinen Schaffensdrang eine Nacht lang vor dir herschieben durftest, machst du dich jetzt sofort an die Arbeit: Du brauchst Zeitungspapier, Kleister, eine Schüssel mit lauwarmem Wasser, Pinsel und als Arbeitsplatte ein Backblech (oder einen mit Alufolie verkleideten Karton).
Lege dir halbe Zeitungsbögen zurecht. Nimm den ersten Bogen, tauche ihn ein paar Sekunden in lauwarmes Wasser (Foto 1) und lasse ihn dann etwas

5
6
7

abtropfen, bevor du ihn auf deine Arbeitsplatte legst. Nun streiche mit dem Pinsel Kleister aufs Papier (2), knautsche das Blatt zusammen (3) und knete es eine Weile in der Hand, damit ein dichter Papierbreikloß entsteht (4). Reicht das Pappmaché für die Modellierarbeit nicht aus, ballst du nach demselben Prinzip einen zweiten oder noch mehr Bögen zu Papierbrei und knetest dann die einzelnen Klumpen zu einer einheitlichen Masse ohne Naht und Fugen zusammen. Nun kann die eigentliche Modellierarbeit beginnen (5). Unregelmäßigkeiten ebnest du mit dem Buttermesser (6). Manche Vögel bekommen erst durch ein Streichholzstück die richtige Schnabellänge. Hochbeinige Stelzenvögel pflanzt du in einen Sockel, damit sie nicht auf den Schnabel fallen (7).
Wenn die Vögel trocken und steinhart sind, holst du Pinsel und Farben aus dem Kasten. Du trägst die weiße Grundierung auf und gibst jedem Vogel ein prächtig buntes Federkleid. Was die Form und Farbe anbetrifft, ist die Natur dein bester Lehrmeister.

Anna

Formen nach Modellen

Bunte Schälchen und Becher für Kleinkram und Stifte – alles ist Papier und immer eine Nummer größer als die Modellform. Auch hier ist Zeitungspapier wieder der Grundstoff.
Das Formen nach einem schon vorhandenen Modell stellt eine etwas raffiniertere Technik als das einfache Papierkneten dar.
Hier die Sachen, die du brauchst: in 3 bis 4 cm breite Streifen gerissenes Zeitungspapier, eine Schüssel mit lauwarmem Wasser, Kleister und dikken Pinsel, flaches Blech oder Alufolie und etwas Öl zum Einfetten. Vorerst wählst du als Grundform Gegenstände mit bestimmten Voraussetzungen: Die Form soll so einfach wie möglich sein, also Schälchen, Teller, Büchsendekkel, Wasserglas, gedrungene Vase und ähnliches; die Form muß vollkommen glatt sein, keine Verzierung, kein Relief und – das ist ganz wichtig – gerade hochgestreckt oder nach oben erweitert (Zeichnung 1), sonst wird

1|2

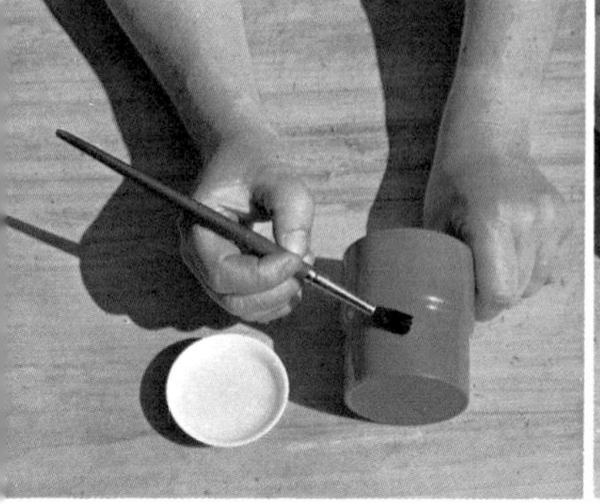

das Ablösen der Pappmachéform vom Modell aussichtslos.

● Als erstes ölst du den Gegenstand, der dir als Modellierform dient, sorgfältig ein (Foto 1). Der Fettfilm soll verhindern, daß die Kleisterbandagen an der Form kleben und das Gebilde beim Ablösen zerreißt.

● Danach weichst du ein paar übereinandergelegte Papierstreifen ein, läßt sie kurz abtropfen und ziehst sie zwischen zwei Fingern durch, um das überschüssige Wasser auszustreichen (Foto 2). Die Streifen legst du auf den Tisch und kleisterst sie mit dem dikken Pinsel erst von der einen, dann von der anderen Seite ein (Foto 3).

Wichtig! Die erste Papierstreifenschicht, die die Form umhüllt, bleibt kleisterfrei!

● Du legst die vorbereiteten Papierbandagen um die Form (Foto 4). Es dürfen sich keine Falten bilden, und wenn es doch passiert, mußt du sie sofort glattstreichen. Du klebst eine Schicht über die andere, bis die Gesamtschicht 3 – 5 mm ausmacht.

3|4

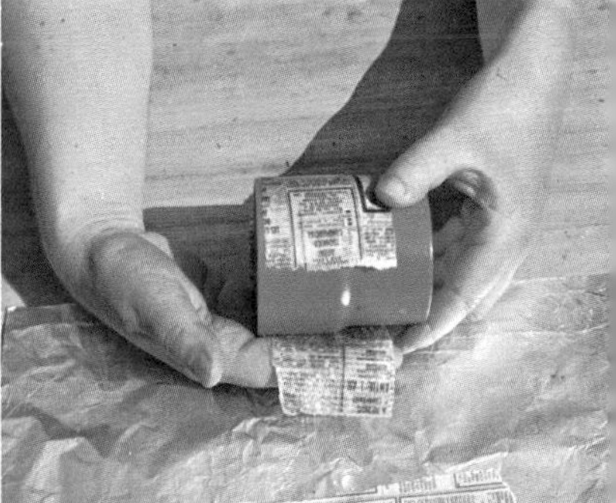

2

● Bei Gegenständen mit rundem Boden kreuzt du die Papierstreifen an verschiedenen Stellen über dem Boden, sicherst die Enden mit Querbandagen rund um die Seitenwand (Zeichnung 2) und glättest das Ganze mit der flachen Hand. Danach passiert erst einmal eine Weile gar nichts – dein Werk muß nämlich trocknen. Wenn es soweit ist, kannst du die Papierform wie die Schale eines kalt abgeschreckten Eies von der Form abheben.
Vor dem Farbanstrich besorgst du dir Spachtelmasse in Pulverform aus dem Farbengeschäft. Wenn du drei Eßlöffel Pulver in ein kleines Glas Wasser verrührst, ergibt das eine Masse, die dünn genug ist, daß man sie mit dem Pinsel auftragen kann, und dick genug, damit sie alle Löcher und Unebenheiten des Pappmaché zudeckt.

Schachtel-zauber

Diese Schachteln sind auch aus Papier, wurden aber über einem Block aus Ton oder Modelliermasse

geformt. Was du an Material brauchst, findest du im vorangehenden Kapitel aufgezählt.
Du knetest den Ton oder die Modelliermasse in Form, viereckig und klotzig wie ein Backstein oder rund und flach wie ein Camembert . . . Dann hüllst du die Form in Alufolie. Nach der untersten, kleisterfreien Papierschicht wickelst du einen eingekleisterten Papierstreifen neben den anderen schichtweise rund um den Block (1 und 2) und verpackst ihn wie ein Paket. Wenn das »Paket« trocken ist, markierst du durch eine Linie auf den Seitenwänden, wo der Schachteldeckel enden soll (etwa 1 – 2 cm unterhalb der oberen Kante), legst das Lineal hier an und schneidest mit dem ganz scharfen Messer die Seitenwand rundum ein (3). Du hebst den Deckel und holst den Modellierblock heraus (4). Gegen die vier Innenwände der Schachtel klebst du einen fortlaufenden weißen Kartonstreifen. Er soll die Schachtelwand um 1 cm überragen (5). Damit sitzt der Deckel rutschfest auf der Schachtel.

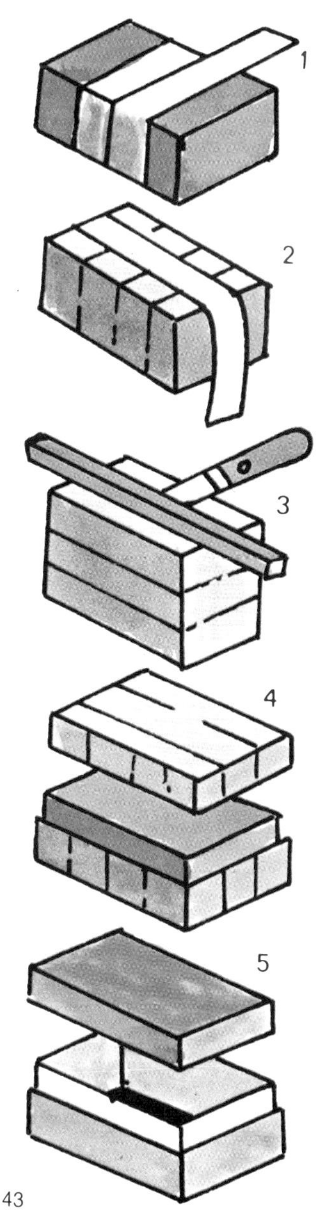

Masken für verrückte Tage

Maske auf! Die Welt steht kopf! Traurig oder vergnügt kann der Schnauzbart dreinschauen und ist doch nur aus Papier. Hier das einfachste Verfahren, wie man Spaß- und Schreckgesichter herstellt: Du brauchst Zeitungspapierbögen, Klebstreifen, Alufolie und Kleister. Die Zeitungsbögen knüllst du zuerst mal zu einer einfachen Gesichtsform (Seite

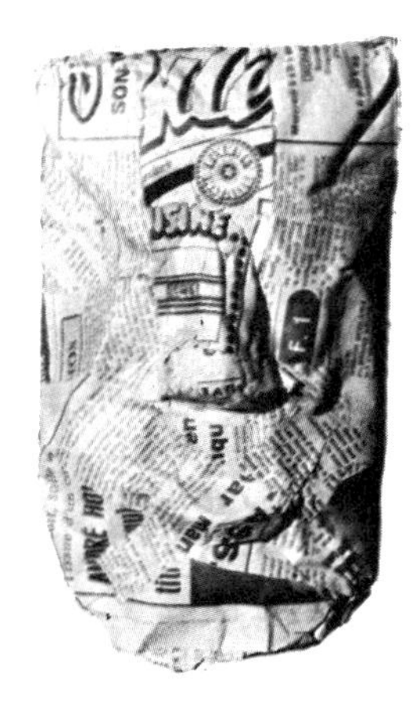

45 oben), etwa 25 cm lang und 20 cm breit. Du kannst ja dein Gesicht vorher ausmessen. Die extra modellierte Nase klebst du einfach mit Klebstreifen fest. Über diese rohe Modellierform wird nun Alufolie gedeckt. Drücke die Folie sorgfältig auf die Form, damit sie wie eine zweite Haut, aber ohne zu spannen, darüberliegt. Nun bedeckst du die Skulptur nach und nach mit eingekleisterten Papierstreifen, bis schließlich eine 3 bis 4 mm dicke Schicht mit glatter Oberfläche entstanden ist. Ist die Maske durchgetrocknet, löst du sie von der Folie und schneidest die Ränder mit der Schere glatt. Setze die Maske auf, und markiere, wo du die Öffnungen für Mund und Augen ausschneiden mußt.
Über einem weißen Grundanstrich kannst du mit Farbe und zusätzlichen Details aus buntem Papier tolle Effekte erzielen: Augenbrauen, Schnauzbart, Wuschelhaare . . .
Fehlt nur noch ein Stück Hutgummi, um die Maske vor dem Gesicht zu halten.

Der November ist in Mexiko ein festereicher Monat mit viel Verkleidungsspaß. Diese beiden Horrormasken sind traditionell. Stell dir nur mal vor, du würdest ihnen auf geheimen Schleichpfaden im Dunkeln begegnen . . .

Wie im großen Theater

Was die drei mexikanischen Königsmasken ausdrücken, richtet sich nicht zuletzt danach, was du darin sehen möchtest. Seit jeher sollen Masken Personen, Gefühle und Situationen darstellen, und diese Funktion hatten sie für die verschiedensten Völker in aller Welt: Die italienische Stegreifkomödie nutzte die Ausdruckskraft von Masken genau so vielfältig wie das japanische Nô-Theater oder ein peruanischer Diablades-Tänzer.
Die Maske, die wir zum Nacharbeiten vorschlagen, lehnt sich in ihrer Einfachheit an die des Nô-Theaters an. Sieh nur, wie viele Themen sich von einem kaum ausgestalteten Gesicht ausgehend anbieten. Du kannst Mond und Sonne, Tag und Nacht und wenn du willst auch den Morgen und Abend entstehen lassen.

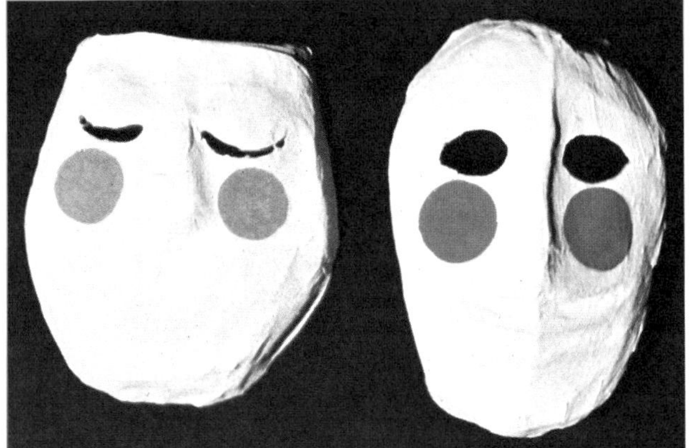

Zuerst modellierst du aus Ton oder Modelliermasse ein einfaches, klares Gesicht (oben links). Du verkleidest es mit Alufolie, legst eingekleisterte Papierbänder in Schichten darüber und streichst immer wieder die Oberfläche glatt. Du wartest ab, bis die Maske trocken ist, läßt sie jedoch auf der Modellierform und legst erneut Folie und Papierbandagen auf. Du wartest, bis auch diese Maske trocken ist, und deckst danach die nächste auf. Ein ansehnlicher Stapel desselben Maskentyps entsteht. Sparsam dekoriert bekommt nun jede Maske ihren eigenen Ausdruck.

Handpuppen

Wenn du Puppen auf die Hände ziehst, werden viele Gestalten lebendig. Die zwei auf unserem Foto scheinen sich irgendwie um die rote Nelke zu streiten.
Für eine Puppenschaustellertruppe oder den Wanderzirkus mit Talenten deiner Wahl lädst du ein paar Freunde in die Puppenwerkstatt ein, denn bis die Puppen tanzen, gibt es eine Menge zu tun. Die Puppenköpfe sind Modellierarbeit über einer Grundform. Sie verlangen etwas Geschick, denn du mußt die Grundform mit einem Schnitt, der den Kopf in zwei Hälften trennt, »herausoperieren« und dann den Hohlkopf nahtlos zusammensetzen.
So wird's gemacht:
Du modellierst einen Standardkopf ohne stark betonte Gesichtszüge. Er wird dir als Grundform für alle Köpfe der Puppenserie dienen. Du spießt ihn auf einen Stab. So kannst du die Arbeit besser halten und zum Beispiel zum Trocknen auf eine Flasche setzen (Zeichnung 1). Du wickelst die Grundform in Alufolie (Foto 1, Seite 53)

1

und streichst alle Falten aus, damit Kopfform und Gesichtszüge sichtbar werden (Foto 2). Dann bandagierst du die Gesichtsform wie gehabt mit vorbereiteten Papierstreifen. Wenn der Kopf trokken ist, trennst du die Pappmachéschicht mit dem scharfen Messer in zwei saubere Hälften (Foto 3) und löst sie von der Grundform. Auf Foto 4 kannst du genau erkennen, wie die Sache aussieht. Zuletzt fügst du die Hälften mit Klebstreifen wieder zusammen, gibst mit ein paar Kleisterbandagen zusätzlichen Halt (Foto 5) und läßt nun auch diese Reparaturarbeit trocknen.

Ist das Gesicht weiß grundiert, trägst du die Gesichtsfarbe auf und bestimmst durch ein paar Einzelheiten den Gesichtsausdruck. Die Haare machst du aus Wollfäden, Stoff oder Seidenpapier. Hände und ein Stückchen Arm entstehen natürlich aus Pappmaché (sieh nach auf Seite 35). Ist die Modellierarbeit geschafft, brauchst du die Puppe nur

1|2
3|4
5

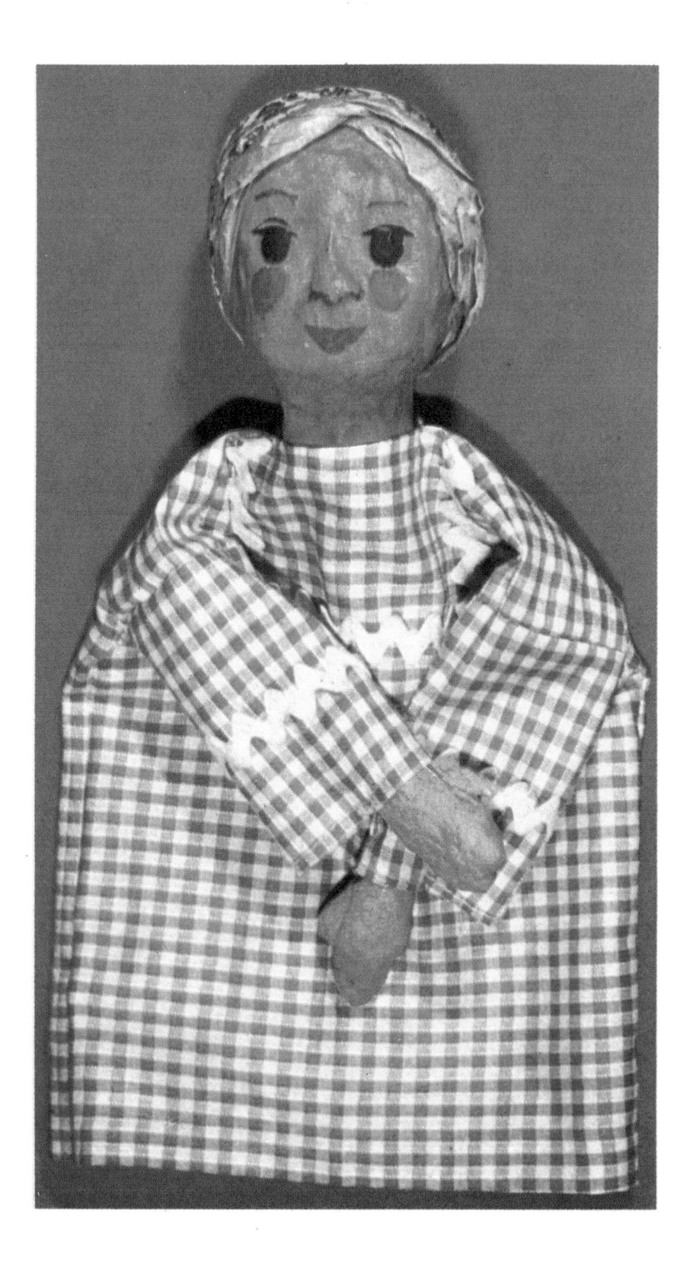

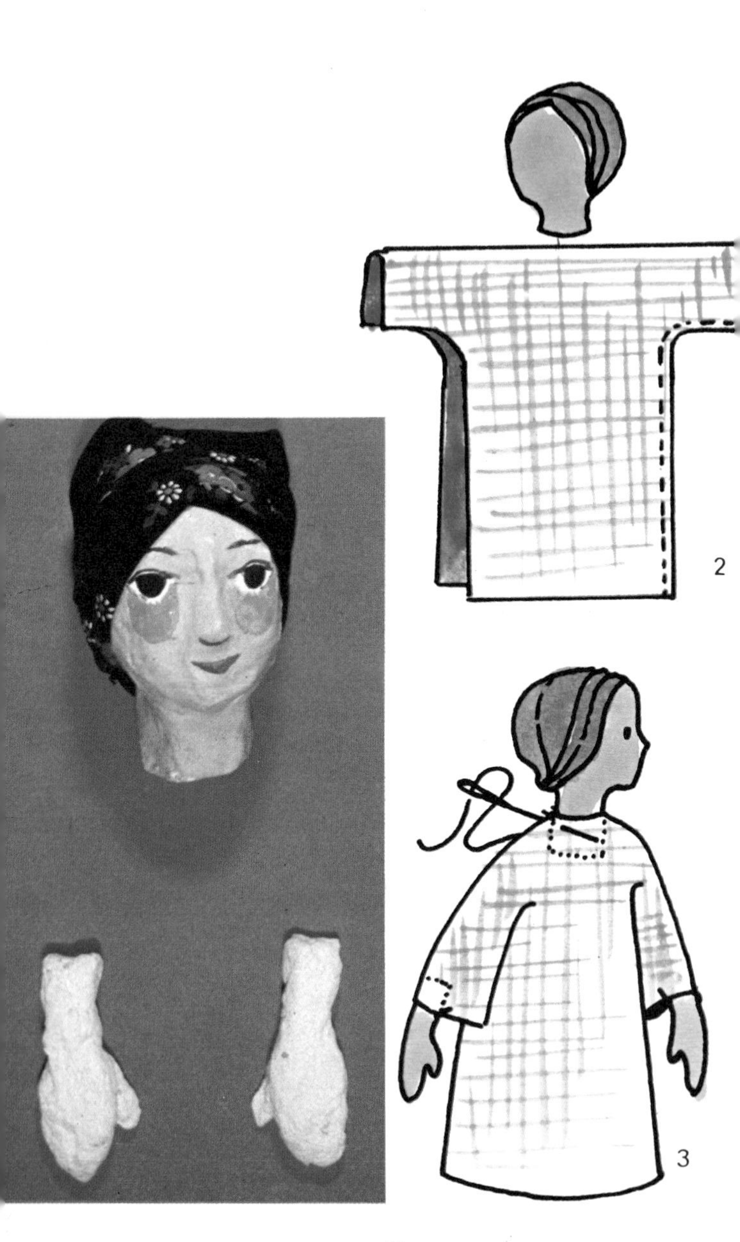
2
3

noch anzukleiden. Das Kleid ist gleichzeitig Schlupfloch für deine Hand. Du schneidest den Stoff nach dem Schnittmuster (Zeichnung 2, Seite 56) doppelt zu und schließt es an den Seiten entlang der gestrichelten Linie.

Auf das Filzkostüm des Landgendarms kannst du alle Einzelheiten, die Knöpfe, die Schulterstücke und den anderen Zierat mit Alleskleber befestigen. Bei anderen Stoffen lohnt sich die Mühe, alle Details anzunähen. Dann steckst du den Pappmachéhals in die Kragenöffnung und nähst beide Teile aneinander.

Das mag dich wundern, aber du wirst sehen, wie flink die dicke Nadel das Pappmaché durchsticht. Du läßt die Hälfte jedes Armes im Ärmel verschwinden und nähst auch ihn mit ein paar Stichen dort fest (Zeichnung 3).

Vielleicht zieht dich das Puppenspiel ins Land von Tausendundeiner Nacht, ins Reich der Märchen und Fabeln, in den Wald von Sherwood in Robin Hoods Lager oder zu all den Abenteuern, die drei Musketiere erleben können . . .

Fingerpuppen

Flinke Finger basteln die Fingerpuppen selbst und spielen uns auch gleich eine Geschichte vor. Diese Puppen sind so schnell und leicht gemacht, daß ein Menschen- und Tierzoo mit Exemplaren aller Art wenig Mühe und viel Spaß macht.
Du formst also etwa 2,5 – 3 cm dicke und 3 – 4 cm hohe Tonklötze. Was Menschen- und Tiergesichter ausmacht, hast du mit wenigen Fingergriffen hingebogen: Menschen modellierst du ein kleines Nasendreieck, Tiere bekommen Schnauzen oder Schnäbel. Du umwickelst die Tonform mit Alufolie und bandagierst sie mit eingekleisterten Zeitungsstreifen. Die weiteren Arbeitsgänge kennst du ja schon. Du brauchst nur zurückzublättern, da steht alles, was du zum Ablösen der Papierform wissen mußt. Die großen Mauseohren schneidest du aus Zeichenkarton (Zeichnung 2) und steckst sie in die Schlitze, die du vorher mit dem Messer geschnitten hast.

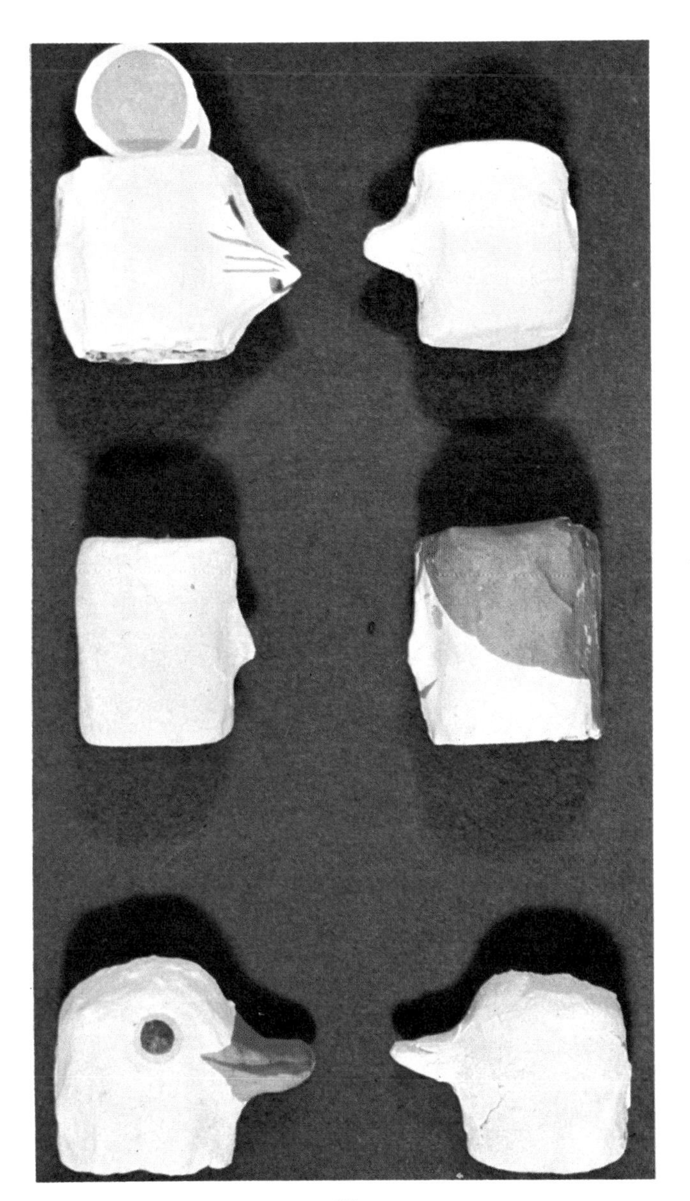

Spartauben und Klappervögel

»Tukan« nennt sich dieser wundersame Vogel. Seine Heimat sind die dichten Urwälder längs des Amazonas. Falls du dort einmal hinkommst, kannst du ihn an seinem Riesenschnabel, den verwundert blickenden Augen und tropischen Farben erkennen.
In unserem Fall entsteht er

wie seine hier versammelten Artgenossen nach einer Modellierform aus Tonerde oder Knetmasse. Versuche schon beim Kneten, die charakteristische Form des Tukans herauszuholen. Wie für die Handpuppen beschrieben, öffnest du den Pappüberzug mit dem Messer. Halbiert aber wird der Vogel der Länge nach. Zum Zusammenfügen der leeren Hälften verwendest du schmale Streifen, die die Schnabelform nicht verwischen. Andere Vogelformen verwandelst du in Spielzeug für kleine Geschwister und große Freunde. Rate mal, was das Osterhuhn in seinem Nest ausbrütet . . . Zwischen den Flügeln der Taube aber findet sich ein Schlitz, der auf Spargroschen wartet. Der Pappvogel am Stiel ist eine Kinderklapper aus Südamerika. Du legst zum Klappern ein paar Steinchen oder Hülsenfrüchte in den Vogelbauch, bevor du die

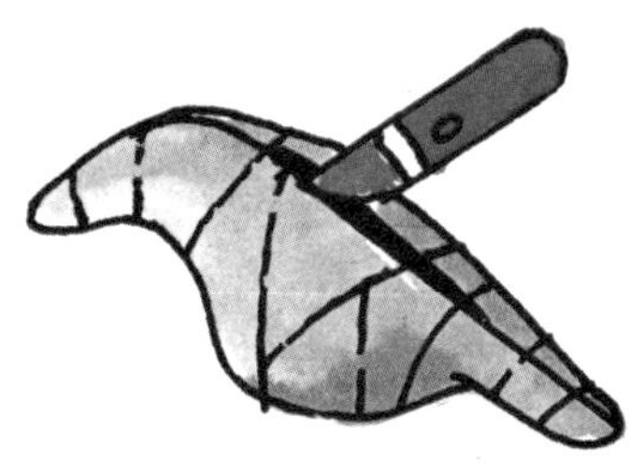

beiden Teile der Pappform mit Papierbandagen neu zusammenfügst.
Ist die Form trocken, schneidest du ein kleines Loch in den Vogelbauch, steckst einen Holz- oder Bambusstab hinein und befestigst die beiden Teile gut mit Klebstoff.
Dieses Spielzeug für große und kleine Leute, aus

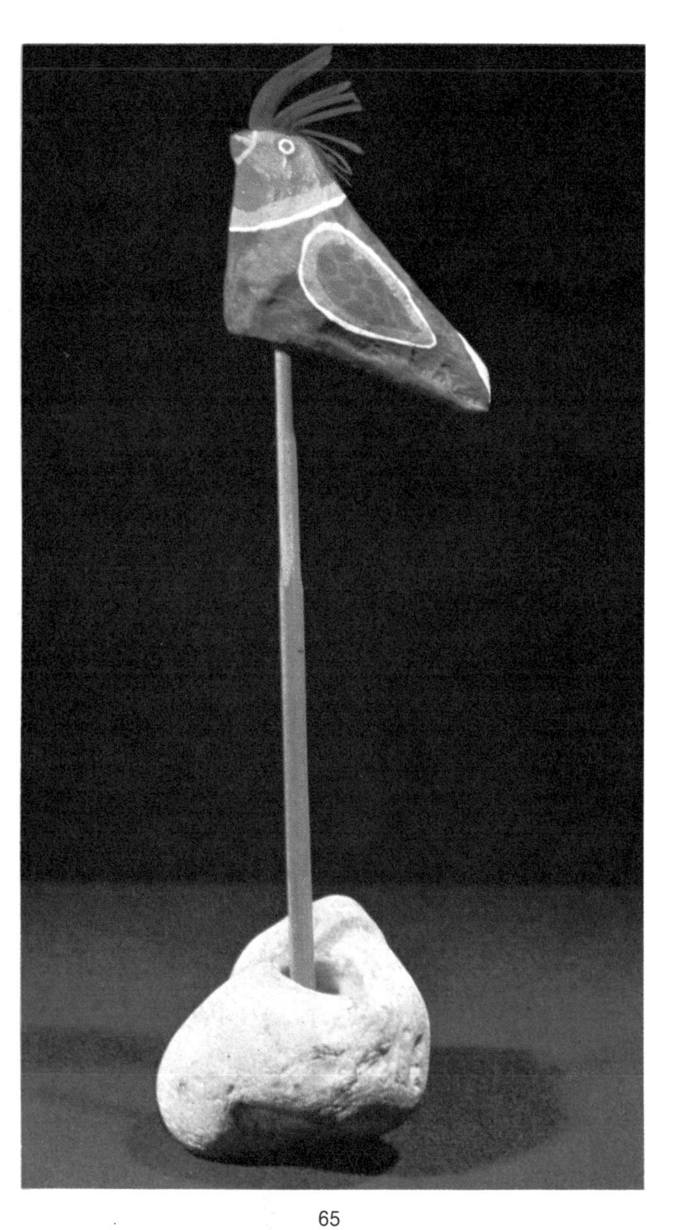

Pappmaché über einer gekneteten Form, entdeckt die Welt in neuen Farben. Die knallbunten Tiere, die von einem mexikanischen Markt stammen, werden bei dir daheim am Werktisch und in der Spielecke graue Regentage farbenfroh und lustig machen. Wenn's dir zu kompliziert erscheint, dann übe erst mal ein paar einfache Formen.
An der Katzenfamilie siehst du, was du durch ornamentale Bemalung herausholen kannst, wenn du nicht unbedingt die natürlichen Farben willst.

Wickelkinder aus Papier

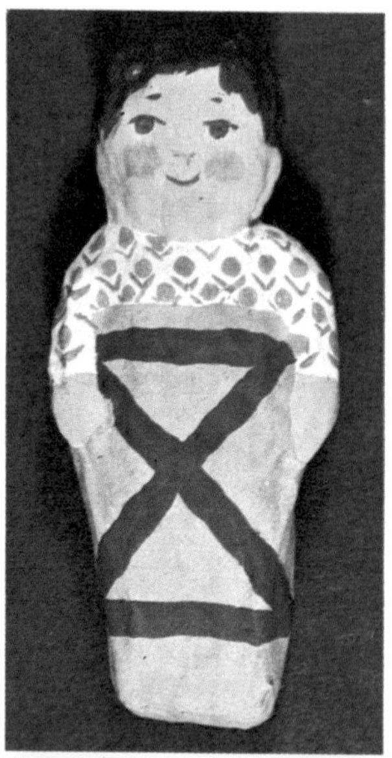

Das Wickelkind im Steckkissen sieht rund und mollig aus, ist innen aber hohl. Es ist nämlich auf die gleiche Art und Weise über eine vorher gefertigte Form modelliert wie die Arbeiten aus den vorangegangenen Kapiteln.
Wußtest du, daß viele alte Puppen wie zum Beispiel der Nacktfrosch auf dem Foto aus Pappmaché und mit Hilfe einer Modellierform hergestellt wurden?

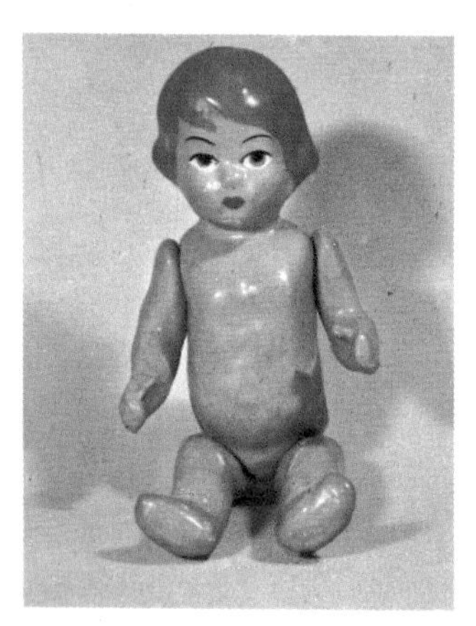

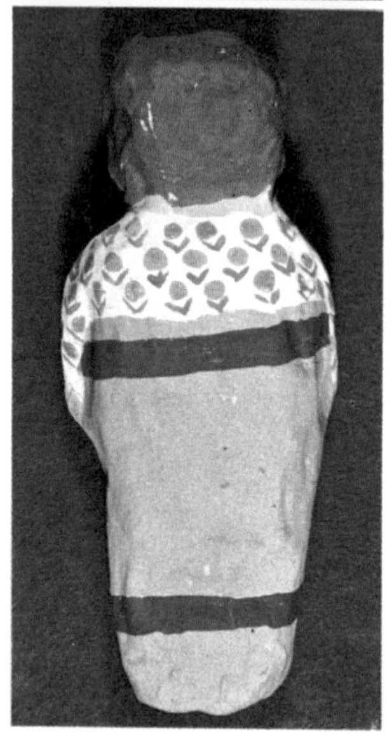

Die schöne Meerjungfrau

Sie taucht in den Märchen und Geschichten vieler Völker auf. Am Bug aller Segelschiffe fuhren sie auf allen sieben Weltmeeren, und im Hafen von Kopenhagen steht sogar ein Denkmal für so eine schöne Meerjungfrau mitten im Wasser.
Gefällt dir die Nixe auf dem Foto? Dann fang' gleich an ein Tonmodell zu machen. Arbeite nach dem gleichen Prinzip weiter wie bei den anderen Hohlformen. Die Arbeit geht dir jetzt bestimmt schon flink von der Hand, und du wirst also schnell zum Anmalen kommen.

Dickköpfe in Aktion

Unter einem großen Kopf versteckt, macht jeder mit beim großen Maskenzauber. Ein fremder Kopf genügt, damit das Spiel beginnt. Sieh nur, was hier passiert! Ob wohl die Stalltür offen steht? Das Kaninchen ist entwischt

und hält sich im Gemüsegarten an saftig grünen Blättern schadlos. Ja, und wer sitzt denn da auf der Leiter und erntet die roten, saftigen Kirschen? Ist ja ganz neu, daß Katzen Kirschen fressen . . . Horch, hast du nicht gehört? Katze und Kaninchen spitzen die Ohren. Zu spät für die Flucht. Hinter der Rosenhecke taucht der Gärtner auf und jagt seinen Hund auf die Räuber los. »He, raus aus meinen Kirschen, und du da, willst du wohl mein Grünzeug stehen lassen! Hopp, hopp, sonst zieh ich euch die Ohren noch viel länger!« Es bleibt bei der Drohung, die Übeltäter sind längst entwischt, und auch der Gärtner war nur Maskenzauber.

Material: Maschendraht, Drahtschere, Kneifzange, Zeitungen, Klebeband, eingekleisterte Papierstreifen und zum Dekorieren dicke Pinsel und Farben.

Du verwendest 1 m breiten Maschendraht und nimmst für einen Dickschädel ein 70 cm langes Stück (Zeichnung 1). Dann biegst du den Maschendraht zu einem Tunnel (Zeichnung 2), wölbst die Tunneldecke zu einer runden Kuppel aus und verhakst das dabei zusammengedrückte Gitter an

1

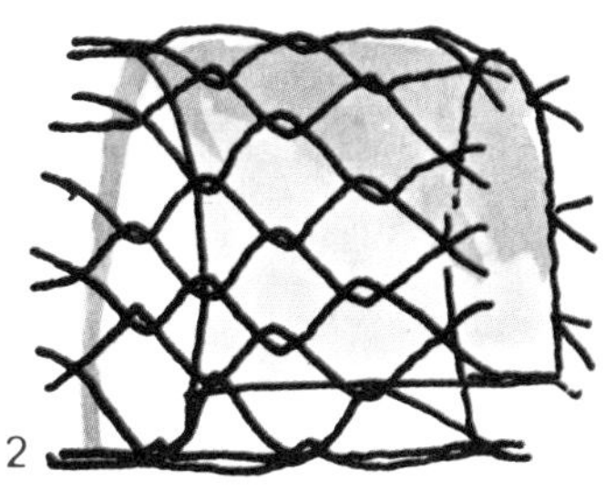
2

mehreren Stellen, damit die Sache auch hält. Dann verschließt du die Seiten, indem du alle Drahtenden sorgfältig umeinanderwindest (Foto 1). Wer das nicht sorgfältig macht, braucht sich hinterher nicht zu wundern, wenn's piekst. Wo notwendig, knipst du Drahtenden mit der Kneifzange ab. Danach modellierst du das Gitterwerk, am Hals wird etwas verengt, an den Schultern leicht nach oben ausgerundet. Probiere nun, ob der Drahtkopf paßt. Eventuell mußt du ein paar Kleinigkeiten verändern,

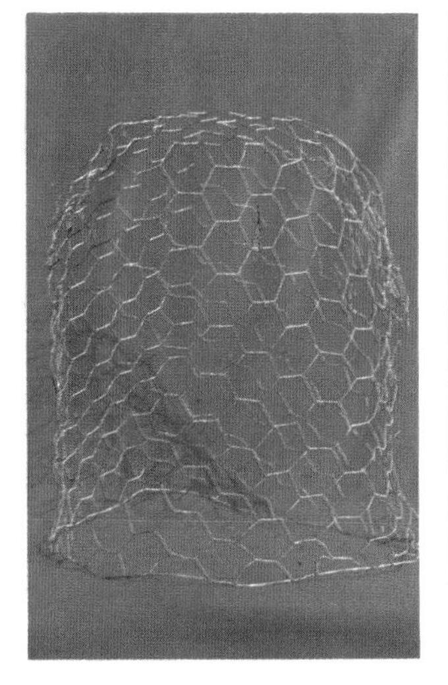

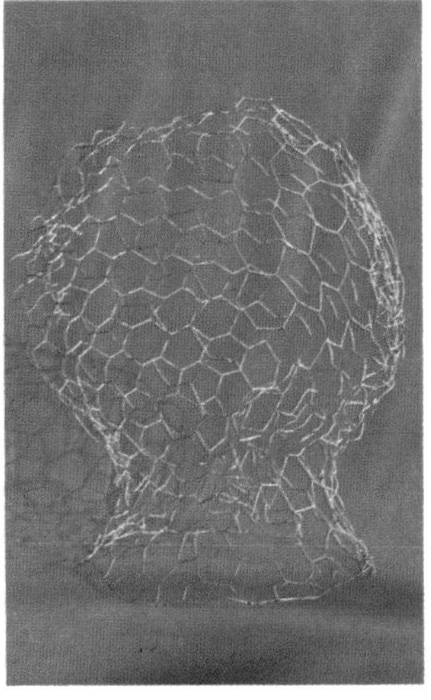
1|2

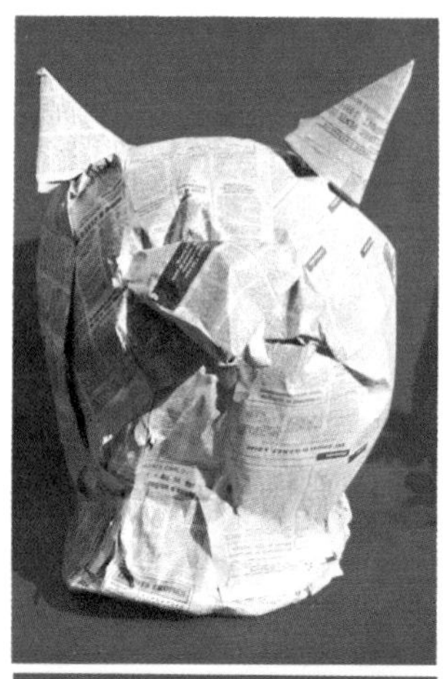

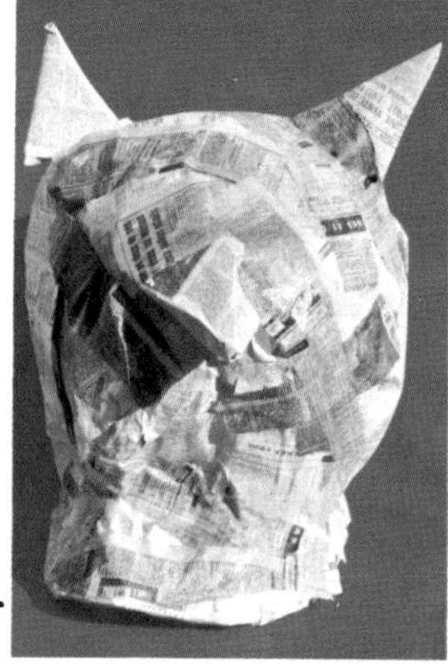

3
4

denn hin und her wackeln darf er nicht. Genau in der Höhe deiner Augen schneidest du den großen Mund in das Drahtgeflecht (Zeichnung 3); er ist der Sehschlitz.

Der zweite Teil der Arbeit besteht darin, das Drahtgeflecht zu umhüllen. Zuerst mit einer Schicht Zeitungspapier und anschließend mit eingekleisterten Papierstreifen, denn unmittelbar auf dem Drahtgeflecht würden sie nicht halten. Über der ersten Zeitungsschicht arbeitest du in groben Zügen nun Kopfform und Gesicht heraus: Du knautschst entsprechend viel Zeitungspapier in Form. Klebstreifen können da viel helfen, damit die Form nicht mehr verrutscht (Foto 3).
Auf diesen Unterbau werden nun Papierstreifen geklebt: Mit angerührtem Tapetenkleister pinselst du den Kopf ein und bedeckst ihn dann mit feuchten Zeitungsstreifen (Foto 4). Du wiederholst die Kleister-Papier-Aktion, bis eine ausreichend dicke Schicht entstanden ist.
Die Ohren: Tütenohren für den Katzenkopf bekommen durch kreuzweise geklebte Papierstreifen zusätzlichen Halt.
Die langen Hasenlöffel sind eine Arbeit für sich: Du biegst eine Form aus Draht, umwickelst sie mit eingekleisterten Papierstreifen und biegst die Lauscher in die gewünschte Form, bevor sie

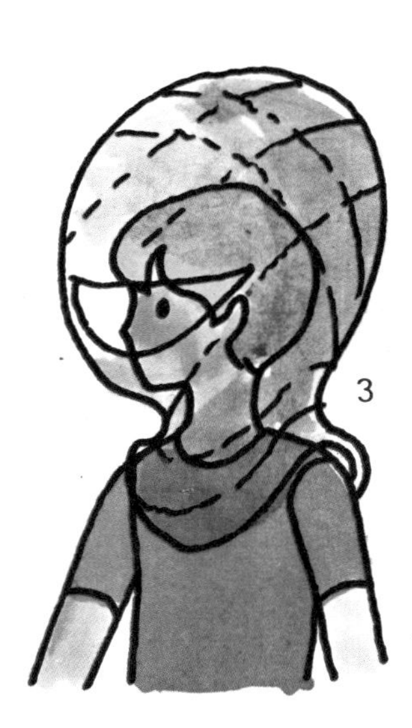
3

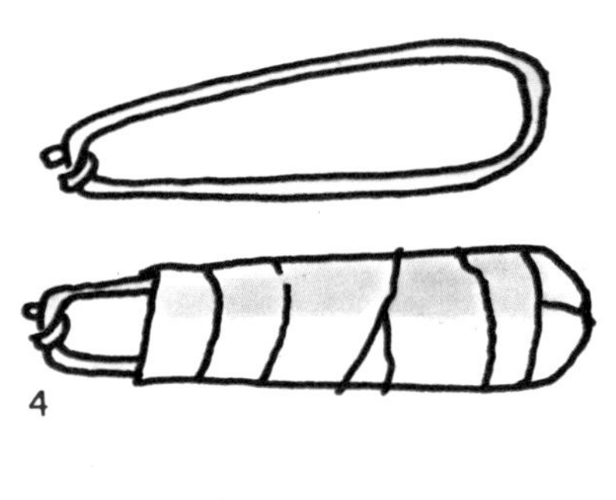
4

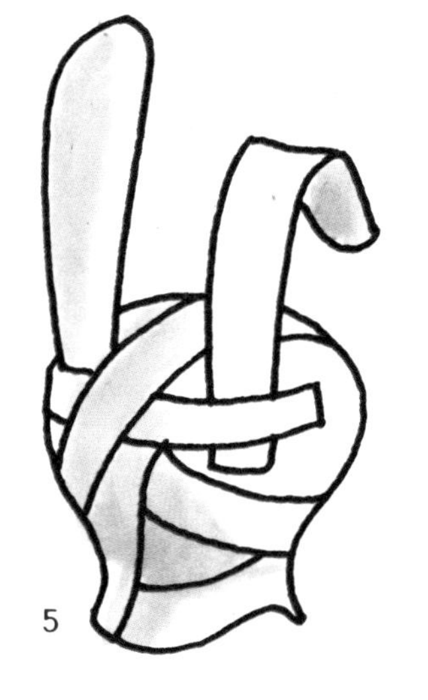
5

trocken und steif sind (Zeichnung 4). Nun kannst du sie mit Klebstreifen und kreuzweise gelegten Papierbandagen am Kopf befestigen (Zeichnung 5). Vergiß auch nicht, das über die Mundöffnung geklebte Papier mit dem Messer herauszuschneiden und die Ränder zu säubern. Nach dem Trocknen wird gemalt. Pulverfarben, die man mit Wasser anrührt, sind billig und ergiebig, für diesen Zweck also das beste Malmaterial. Plakafarben reservierst du für Details. Bärte, Brauen und Wuschelköpfe kannst du aus Seidenpapier knautschen und aufkleben. Und nun viel Spaß! Dickköpfe unter sich versprechen einen gelungenen Tag . . .

Die Schatzkiste füllt sich

Willst du dir Schmuck basteln, wie man ihn auch nicht alle Tage sieht? Nun, nichts einfacher als das! Die Sache ist sehr billig, und außerdem kannst du dir noch genau deine Lieblingsfarben aussuchen. Das Material für die Ringe, Ketten und Reifen gibt's im Farbengeschäft und nennt sich Plastica. Es ist ein feines Zellulosepulver, und 500 g davon ergeben schon einen stattlichen Juwelenschatz. Du rührst das Pulver mit lauwarmem Wasser im folgenden Verhältnis an: 3 kleine Gläser Wasser auf 3 große Gläser Pulver. Schütte das Pulver in eine Plastikschale und gieße unter ständigem Rühren mit dem Löffel das Wasser in dünnem Strahl hinzu. Dann knete die Masse durch, bis sie nicht mehr an den Fingern klebt, und laß sie eine Nacht lang stehen. Am nächsten Tag ist sie fertig zum Verarbeiten.
Perlen: Du rollst ein Klümpchen Plastikmasse

zwischen den Handflächen zu einer glatten Kugel. Jede fertige Kugel steckst du gleich auf eine dünne Stricknadel (Foto Seite 81). Es gibt viele Formen: runde, ovale, zylindrische, große und kleine Perlen. Für Herzen, Blumen, Mond und Sterne kannst du ja Keksstecher verwenden. Denke aber an ein Loch zum Durchfädeln der Schnur.
Für **Armreifen** rollst du die Masse zu einem gleichmäßig dicken Strang, schließt ihn zu einem Reif und hängst jeden Reif zum Trocknen auf eine Flasche, wo er die Form am besten behält.
Ein paar Tips: Zum Bemalen mit Plakafarben läßt du die durchgetrockneten Stücke noch auf der Stricknadel. Damit die frischgemalten Perlen nicht aneinanderkleben und verflecken, hängst du die Nadelenden auf zwei Holzklötzchen.

Röllchen sind der ganze Trick

Man sieht es wirklich nicht, was sich unter den schmucken Schleifen und derben Stiefeln der Tanzgruppe mit den festlichen Seidenpapierkleidern verbirgt: ein Unterbau aus ganz gewöhnlichem Toilettenpapier.
Dies ist alles, was du brauchst: rosa Toilettenpapier, farbiges Seidenpapier, Schere, Klebstoff, Klebstreifen und bunte Filzstifte, um die Kleider hübsch herauszuputzen.
Mache dir den Anfang leicht und beginne mit einem Figürchen, dessen Rock bis auf den Boden reicht (Foto Seite 86). Es ist insgesamt 12 cm hoch; du rechnest 2,5 cm für den Kopf, 3 cm fürs Oberteil.

Reiße das Toilettenpapier entlang der perforierten Linien in einzelne Blätter und häufe sie zu einem 5 cm hohen Stapel. Schneide ihn der Länge nach in zwei Hälften. Eine rollst du auf und bildest so den Kopf der Puppe (Zeichnung 1). Ein Stück Tesafilm hält die Rolle zusammen, die du jetzt mit Seidenpapier umwickelst und an der Nahtstelle verklebst. Die zweite Hälfte des Papierstapels wickelst du als Brustkorb um den Kopfrand und umklebst auch dieses Röllchen mit Tesafilm (Zeichnung 2). Den Brustkorb stopfst du mit geknülltem Papier aus (Zeichnung 3); so kann der um die Taille gewikkelte Rock die Figur nicht verformen. Für den Rock stapelst du eine dickere Papierschicht als für Kopf und Oberteil und verwendest diesmal die ganze Breite (Zeichnung 4). Lege auch schon zwei 5 cm lange Papierrollen für die Arme zurecht. Dann wird das Püppchen eingekleidet: Falte das Seidenpapier und verwende es doppelt, damit das Gewand Form bekommt. Du wickelst den bunten Rock um die Taille, klebst ihn mit Tesafilm fest und läßt das Mieder die Nahtstellen verdecken. Wenn du die Details an Gesicht und Kleidung aufgemalt hast, entwirfst du die Haartracht aus Seidenpapier. Du kannst es knüllen, winden, zum Haarknoten zusammenrollen oder fransig schneiden. Fehlen nur noch zwei Puffärmel aus Seidenpapier: Du legst sie fest um die Oberarme, quetschst einen Tropfen Klebstoff dazwischen und klebst dann die Arme an den Rumpf (Zeichnung 5). Die Figürchen, die auf beiden Beinen stehen, sind etwas kleiner. Insgesamt 10 cm groß, mißt der Kopf 1,5 cm, das Mieder der Frau 2 cm und der Körper des Mannes 4 cm. Du beginnst mit dem Kopf: Er muß 3 cm hoch werden, denn die Hälfte verschwindet im Rumpf. Die Beine rollst du aus zwei 5 cm breiten Blattstapeln

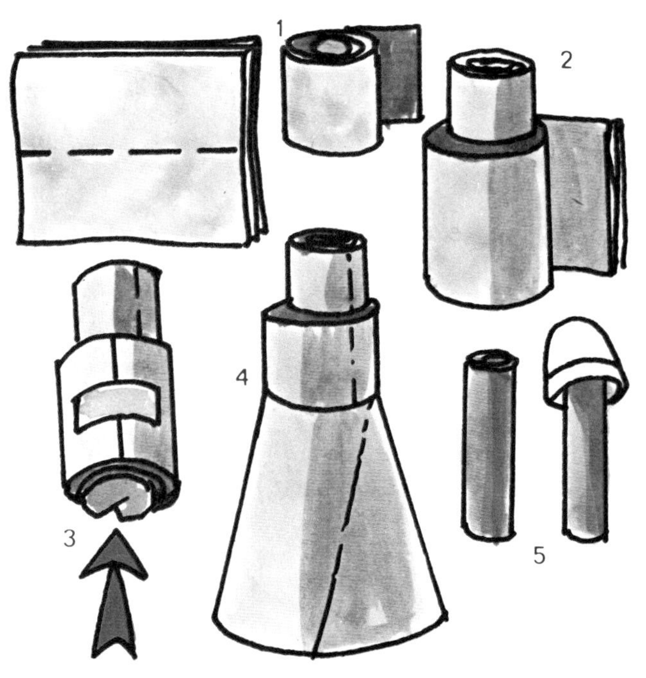
1
2
3
4
5

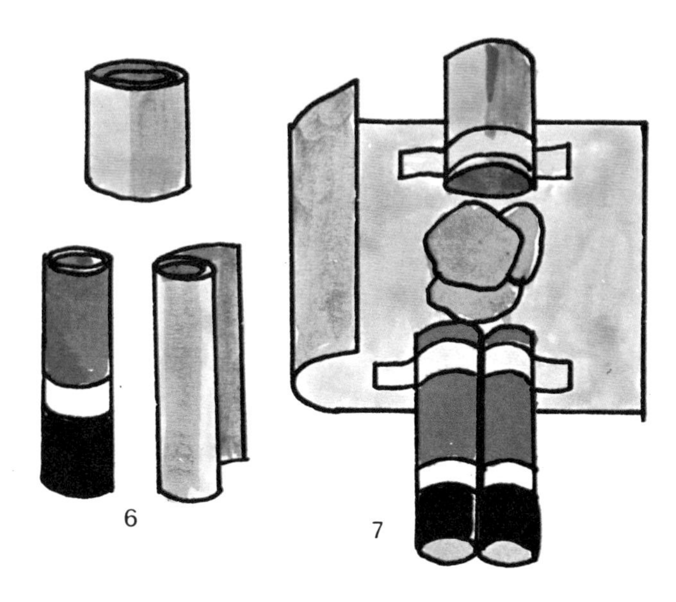

(Zeichnung 6) und ziehst ihnen gleich Hosen, Stiefel oder Strümpfe aus Seidenpapier über. Kopf und Beine legst du auf eine 4 cm dicke Papierschicht und hältst sie dort mit Klebstreifen fest. Den Rumpf stopfst du mit geknülltem Papier locker aus (Zeichnung 7), umwickelst ihn dann mit dem rosa Papierstapel und klebst zu. Dann kleidest du die Figuren ein: gegürtete Tunika für die Jungen, weite Röcke, Schürzen und darüber ein Mieder für die Mädchen. Vergiß Haare und Mützen nicht – und denk zum Schluß auch an die Arme: Du machst sie 4 cm lang, kleidest sie in Seidenpapierärmel, knickst oder streckst die Arme und klebst sie an den Rumpf.

Die Balalaika kannst du zum Beispiel aus Zeichenkarton zurechtschneiden und mit Seidenpapier überziehen. Wer von solchen Figuren ein Geburtstagsständchen bekommt, ist ein Glückspilz.

Wer wohnt im Puppenhaus?

Schlaksige Püppchen mit Papiergelenken an Schulter und Hüfte, das ist der Clou. Die Kreppapierkleider entwirfst du natürlich selbst und drapierst du auf dem Puppenleib aus Toilettenpapier. Wie diese Puppenkörper entstehen, hast du im vorigen Kapitel erfahren. Hier brauchst du für die Bastelei nur noch etwas Hutgummi.
Das sind die Maße der größeren Puppenschwester: 17 cm vom Scheitel bis zur Sohle, davon 3 cm für den Kopf, 7 cm für den Rumpf. Die Arme sind 7 cm lang. Die Beine der großen Schwester bleiben steif, denn sie steht lieber herum. Beweglich sind nur die Arme. Du ziehst also mit der Stopfnadel ein Stück Hutgummi durch die Arme und den 3 cm dicken Puppenleib (Zeichnung Seite 91). Das ist das ganze Geheimnis. Die kleine Schwester hat Gummi in Armen und Beinen und kann deshalb auch sitzen. Mache zuerst den Kopf. Er soll 3 cm aus

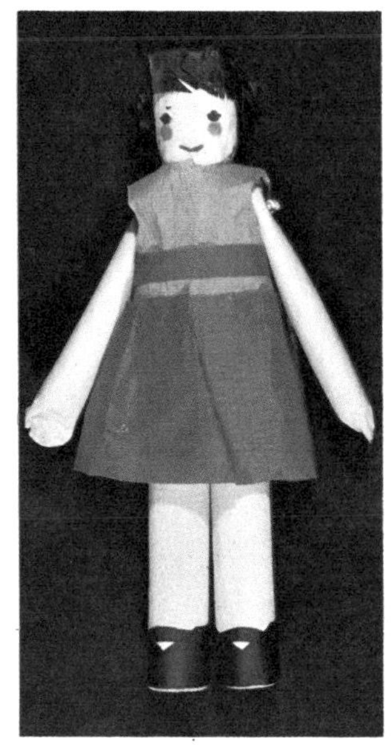

dem 6 cm langen Rumpf herausragen. Oben ist der Rumpf um den Kopf gewickelt, nach unten hin verengt er sich und steht auf 6 cm langen Beinen, die im Rumpf stecken. Mit flachen Sohlen aus Karton steht die Kleine fest auf den Füßen. Bringe außerdem 5 cm lange Arme an und wähle die entsprechende Frisur für einen Seidenpapier-, Stickgarn- oder Wollschopf.

Den Puppen eine gute Nacht!

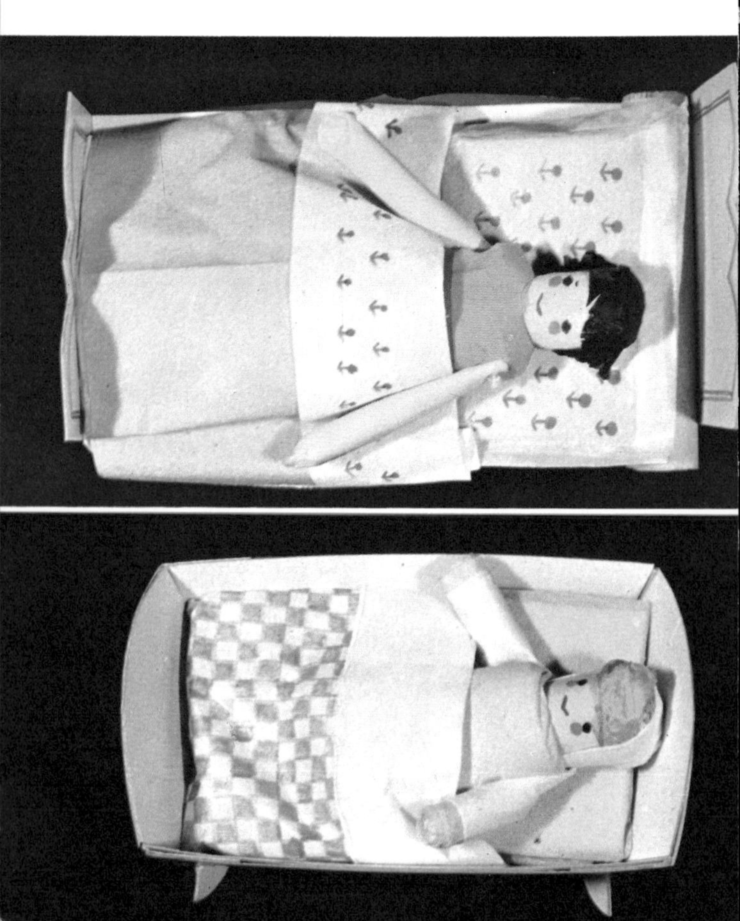

Wovon mögen Papierpüppchen wohl träumen, wenn sie in ihrem Pappbett liegen? Horchen sie in sich hinein und hören noch die Bäume rauschen, aus denen sie – nach abenteuerlicher Reise vom Wald über die Papierfabrik in deine Hände – entstanden sind . . .

Seite 92. Der Größe deiner Püppchen entsprechend überträgst du alle Teile auf weißen Zeichenkarton. Bevor du beginnst auszuschneiden, ritzt du entlang der gestrichelten Linien mit spitzem Messer und Lineal den Karton an. So kannst du später sauber kniffen. Mit deinen Filzstif-

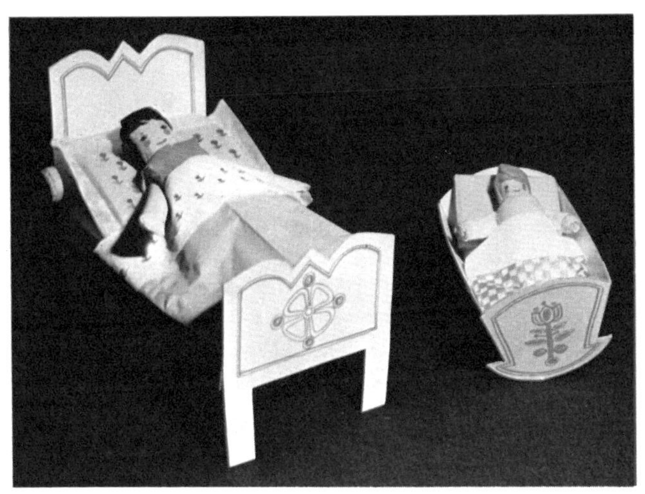

Papierpüppchen im Bett und in der Wiege sind ein Spielzeug für behutsame Finger. Schau es dir genau an. Vielerlei Papiersorten finden hier Verwendung: Toilettenpapier, Seidenpapier, Karton, dicke Papierservietten und dünne Papiertaschentücher. Den Plan für Bett und Wiege findest du auf

ten verzierst du Bett und Wiege mit dem freundlichen Bauernmuster. Danach kannst du alle Teile ausschneiden und nach all der Vorarbeit entlang der geritzten Linien den Karton kniffen. Die Falzecken des Bettchens kniffst du nach innen und klebst sie fest. Klebe auch die Falze der Wiege und

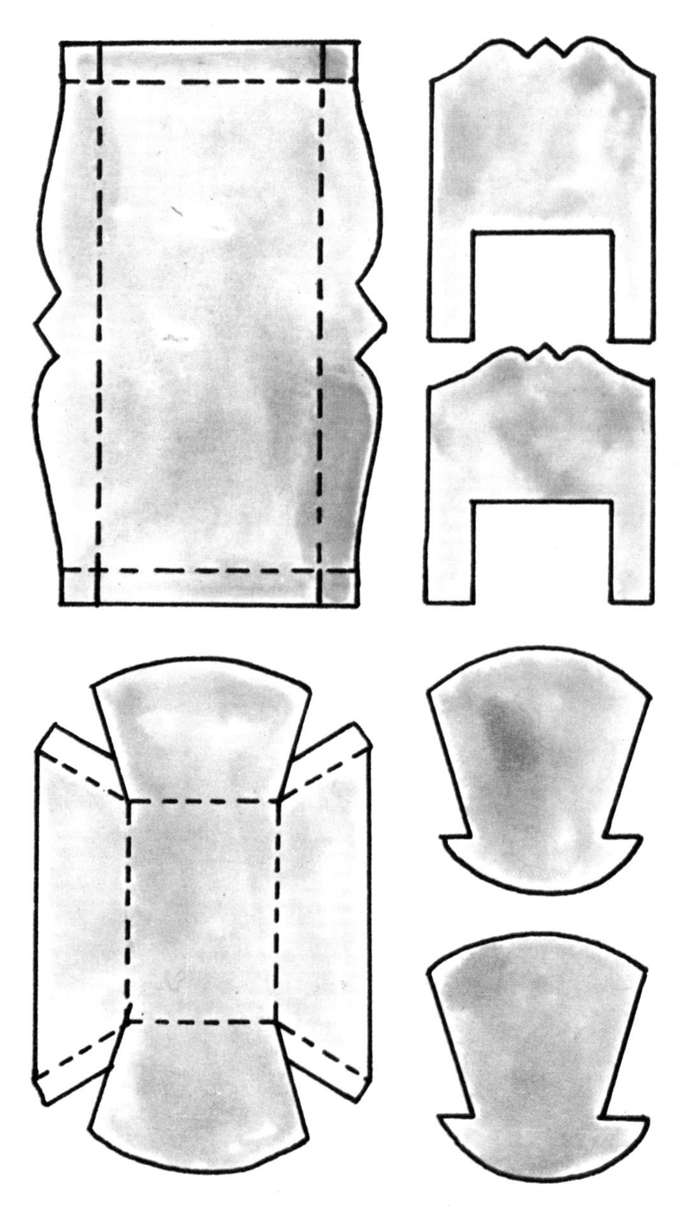

danach Kopf- und Fußteile gegen Bett und Wiege (Zeichnung Seite 95).
Dann wird das Bett mit duftigem Bettzeug aus Papiertaschentüchern und -servietten bezogen. Die große Schwester schläft auf einem Kopfkissen aus gefaltetem Toilettenpapier im seidenen Papierbezug.
Wenn das Bettzeug soweit ist und so aussieht, wie du es gerne hast, dann wünschst du den Papierkindern gute Nacht und läßt sie bis in die Puppen schlafen.

Printed in Scotland by Wm. Collins Glasgow